아물지 않은 상처와 한참을 놀았다

김지란 시집

아물지 않은 상처와
한참을 놀았다

*본문 페이지에서 한 연이 첫 번째 행에서 시작될 때에는 〈 표기를 합니다.
*저자의 의도에 따라 작품의 보조 동사와 합성 명사는 띄어쓰기가 달라질 수 있습니다.

시인의 말

아직도

까마득한 시의 영토

나는

어디쯤 당도했을까

2023년 겨울
김지란

■ 차례

1부 두드리는 것들의 말

닻꽃	19
비린내	20
우화루 목어	22
신 맹모삼천지교	24
왜가리	26
눈물의 이면	27
공중전화부스	28
분꽃 화분	29
다만 한 사람을 건너왔을 뿐	30
애호박	32
남겨진 사람	34
붉음에 순장되다	36
입관 1	38
만선호프	39

2부 환한 발음 곁에서

입관 2　　　　　　　　　　43
불안한 자유　　　　　　　44
침묵의 축제　　　　　　　46
플라이 킬러　　　　　　　48
노랑바위　　　　　　　　50
벼락치기　　　　　　　　52
말　　　　　　　　　　　54
소통하다　　　　　　　　56
고구마를 캐다가　　　　　58
갱년기와 사춘기　　　　　60
틀　　　　　　　　　　　62
어떤 선고　　　　　　　　64
늙은 들쥐　　　　　　　　66
봄날　　　　　　　　　　67

3부 거꾸로 흐르는 문장 하나

긴급	71
가막만 안심밥상	72
애자의 유혹	74
말 보시	76
잠언집	78
오동나무꽃 소고小考	80
뻥튀기	82
경계를 넘다	84
은행나무 가로수	86
사스레피나무	88
소화전은 소화불량	89
환공포증	90
헛다리길	92
운동장	93

4부   지문 같은 상처들

가을목련	97
가시	98
개집 우화羽化	100
강박증	102
백팩	103
숨은 마음 찾기	104
악몽	106
이십 년 세월의 맛은 쓰더라	107
고독사	108
부추꽃	110
상喪	111
탈 머피의 법칙	112
슬픔을 수습하다	114
파랑	115

해설 _ 사유로 번져 온 화양 바다의 순정한 문장들   117
박철영(시인, 문학평론가)

1부

두드리는 것들의 말

닻꽃[*]

핸드폰을 요리저리 허다봉께 사진이 나오더라
그걸 본께 어찌나 반갑든지
꼭 느그 아부지 살아있는 것처럼 한참을 쳐다봤당께

기운이 내려앉아 당신 몸도 간수 못 하는데
그 순간 생기가 돌았을까
느릿한 말에 곧은 심지처럼 힘이 박혀 있었다

이십 대에 남정네 따라와
비릿한 갯벌에 닻을 내렸던 어머니
아버지의 바다에 정박한 조그만 배였구나

당신 보내시고도
닻을 거둬들일 줄 모르는 배
닻에 붙은 따개비처럼 떨어질 줄 모르는구나

인연이라는 밧줄로 묶인 고독한 제자리
바다 내음
당신이라는 닻꽃으로 피어났다

[*] 닻을 닮은 꽃 이름.

비린내

새벽 국동 위판장 바닥
급속 냉동된 바다가 몸을 푼다
눈치라는 새로운 어종이 경매사 손끝에서 은밀히 오가고
손가락 하나에 바다가 요동친다
경매가 끝난 새벽에는
구판장 식당 비릿한 생선 내장탕이 제격이다

팔도의 섬이란 섬은 다 밟아봤다는 아버지
일 년에 두어 번 얼굴을 내밀고
비린내만 남긴 채
더 먼바다로 나가셨다

바람을 받아낸
낡은 갑바에는 먼바다의 풍랑이 새겨져 있다
파도치는 길목에서
어군탐지기처럼 사셨던 아버지
돌아오는 뱃고동 소리에도 비린내가 묻어왔다

요양병원 병상
산소호스를 꽂은 아버지의 숨소리는

부레 속 희박한 공기에 의지해
못다 쓴 바다의 서사를 기록하려는 듯
비릿한 필체를 품어냈다

자식들이 읽기도 전 떠나버린 아버지
지금은 어느 섬에 닻을 내렸을까

병원을 나와 먹는 매운탕
쑥갓향으로도 미처 잡아내지 못한
비린내가 뜨겁게 끓어오른다

당신이 남긴 비릿한 내음이 깊어졌다

우화루 목어

화암사
꽃의 한 생애가 내리는 누각
매화나무 창문을 뒤로하고
머리가 용龍인 물고기 한 마리 걸려 있네

배를 가르고
온몸 가득했던 탐, 진, 치를 빼낸 텅 빈 고요

한때는 근심의 그늘이 깊어
어딘가에 숨고 싶었네
이 절寺 저 절寺 다니다가
불명산 자락에서 꽃비를 맞고 늙어가는
그대가 맘에 들어 그 속으로
세貰 들려고 하네

한동안 모든 걸 닫아걸고
안거에 들 수 있다면

새벽 숲의 새들
서늘한 바람, 알 수 없는 눈길들

허공으로 날려버린
나를 떠난 것들이 다시 돌아와
가만가만 내 몸을 두드리는 소리를 듣겠네
나를 잃어가는 것인지
찾아가는 것인지

그러다
밤낮으로 두드리는 것들의 말이 귀에 익으면

내 속의 나를 꺼내
푸른 바다로 훨훨 날아 승천하려 하네

신 맹모삼천지교
−물고기반지*

물고기에 대한 소문은 오래전부터 있었다
소문이 진실로 드러나자마자
엄마들 어군탐지기에 걸려들었다

육지로 잡혀 온 물고기는
고즈넉한 사찰의 추녀 밑
깨어있으라, 깨어있으라 바람의 말을 토해냈으니

수능이 얼마 남지 않은 아이의 방에 걸린 수묵화
깊은 물살 속에서 눈 하나 깜박이지 않는
강렬한 눈빛으로 졸린 아이의 후광이 되었다

지니고 있거나 곁에 있으면 아이들을 지켜준다는 물고기
정갈한 장독대 정안수 놓고 빌었던
쪽찐 머리 어머니 대신

물고기 세 마리
새끼손가락 위에서

눈 뜨고 참선 중이시다

• 자녀 수만큼 새끼손가락에 물고기반지를 끼면 재물이 도망가는 것을 막고 자녀가 성공한다는 일종의 속설.

왜가리

폭우에 흙탕물 섞인 선소 바닷가
왜가리 한 마리 구조물에 앉아 있다

꼿꼿한 자세에서 흘러나오는
단호한 결기
순간
내 등도 꼿꼿해진다

성공의 척도는 팔 할이 자세다
좌우로 아주 천천히 천천히
레이저를 쏘듯
시야가 향한 곳은
맑은 날 숭어 무리 뛰노는 곳

집중의 힘으로
혼란 속에서도 고요한 왜가리

나는 저 도도하고 빛나는 목을
비린내 하나 안 남기고
단숨에 삼켜버린다

눈물의 이면

A4 종이 서류 모서리에 눈동자를 스쳤다
원시림을 빠져나온
빗방울들이 내게로 왔다
밤새 그치지 않는 호우주의보
첫사랑, 첫 출산, 첫 죽음을 생각나게 하는
깜깜하고 어두운 혹독한 시절의 맛
나무는 어디에 많은 빗방울을 뭉쳐 숨기고 있었을까
아픔을 보듬고 따뜻한 흙빛으로 돌아간
사랑하는 사람들의 속말이 일시에 밀려왔다
보이지 않아 서서히 잊히는 것들과
보이는 모든 풍경의 비밀을 읽어내는 일
나무들의 이력을 겨우 정독하고 나서야
아픈 시야가 맑아졌다
처음 햇빛을 머금은 눈동자는
돌담 위 담쟁이덩굴에 한동안 붙들려
내게로 오기까지의 경로를 생각했다
나이테보다 깊은 허공에서
보이지 않는 것들이 해묵은 나를 깨운다
눈을 다친 이후 세상의 이면을
들여다보는 버릇이 생겼다

공중전화부스

메타세쿼이아 가로수 그늘
암자 한 채,
한때 수많은 안부와 약속들이 다녀가고
사랑과 참회의 언어들을
법당 인등으로 밝히고 있었다

지금은 성불 대신 휴대폰을 신당처럼 받드는 일
절박한 신앙심도 수화기에서 멀어진다

서로의 원자들이 우주를 떠돌다가
입술을 포개고 있을까

술 취한 젊은 남녀
공중전화부스에 들어가 있다

구석에 자리 잡은 거미집에도
오랜만에 등불이 켜진다

분꽃 화분

두어 개 분꽃 화분이
바닷가 돌담 골목길을 지키고 있습니다

소금기 묻은 노을이
담장 아래 빛바랜 플라스틱 의자에
엉덩이를 걸칠 무렵
하나둘 지팡이가 들어섭니다

저녁밥을 짓는 골목이
금빛 냄새로 환해집니다

낮 동안 무료하던 분꽃의 입술이
어스름에 때맞춰 붉어집니다

할머니들의 갈라진 뒤꿈치와
볼은 더 깊게 쪼글거리고
저녁이 오는 기척에 분꽃이
부스스 눈을 뜹니다

모든 하루가 화분을 감싸고 도는
골목의 저녁때입니다

다만 한 사람을 건너왔을 뿐

결혼행진곡에 맞춰

순백의 버진로드를 따라 입장하는

신랑 신부의 뒷모습만 보면

무언가에 홀린 듯 눈물이 난다

티끌 없는 설원의 하얀 드레스

금방 비를 쏟을 듯한 검정 턱시도

두 세상의 낙차

모두 내 몫인 듯 온몸이 흔들린다

직선 길을 나란히 걷는 것

외로움도 함께 가는 방향이라는 것을 알까

한눈팔다 여차하면

홀로 낭떠러지로 떨어질 것 같은 불안

그대 발걸음에 내 마음을 얹는다

애호박

냉장고 구석
빛바랜 신문지에 꽁꽁 싸여있는
둥근 애호박,
여름이 다 가도록 어둠에 방치되었네
묵은 냉기에 노르스름
싱싱했던 얼굴 핏기가 빠져나갔네

쫑쫑 채 썰고 살짝 데쳐
갖은양념에 무쳐 따신 밥에 비벼 먹으면
그리 맛날 수가 없어
살 뺀다고 굶으면 못쓴다
없던 기운도 생길 꺼랑께

상처 난 날개를
고스란히 접어 웅크린 채
엄마 걱정을 탯줄로 달고
둥근 알을 품는다

식은 밥 한 덩어리에서도
간절한 둥근 것들은 부화하리니

한입 크게 벌리고
다독이고 궁글려 온 사랑을 먹는다

제대로 된 둥근 첫 끼니를

남겨진 사람

5층 병실 복도
살짝 스쳤던 한 사내의 신음소리가
안개 자욱한 숲을 만들었다

쏟아부을 곳 없는 소리는
숲길을 오르락내리락

하룻밤이 히말라야보다 더 멀다

어스름 새벽안개를 헤치고
새어 나오는 여인의 울음소리

호흡에 달라붙은 거친 가래에
쉬이 잠들지 못하는 노부의 마른 손가락이
머리끝까지 이불을 잡아당기는 것을
물끄러미 바라보다가

이제는 전생이 되어버린 사내,
남겨진 그녀,
도돌이표처럼 돌아오는 내일을

딴청 부리듯 살아내야 하는 우리는

오늘 이승에서 같이 울었다

벽 하나를 사이에 두고

붉음에 순장되다

이른 봄 외진 골짜기
붉은 대극 야생화를 보러 나섰다

겨울잠이 덜 깬 땅에서
여기저기 솟아오른 붉은 대극 새순이
묵은 봄의 관절을 풀고 있었다

입안의 맹독을 감추고
세상을 향해 내지르는
고요를 품어 더 암팡진 꽃대의 전언

태어날 때부터
제 몸의 독으로 스스로를 지켜야 하는
간절한 붉은 대극*

가시도 없이 부드러운 새순만으로도
나의 죽은 피
어두운 마음 한 자락을 큰 창으로 찌른다

꽃이 피운 초록의 잎으로

무사히 건너갈 때까지

골짜기에서 그리움이 깊어졌는지 연인처럼
통째로 나를 따라왔다

독이 독을 품어 점점 순해지는 중이다

* 큰 창이라는 뜻으로 어릴 때 잎은 붉은색이었다가 점차 녹색으로 변한다.

입관 1

목선 간짓대 마파람 진로 솔 멸치 낙지 해삼…

그가 짊어진 짠물에 절은 단어들이
객지로 하나둘 나가는 자식들처럼
서서히 빠져나갔다

무례하고 요란스러운
마지막 손님이 다녀가신 후
푸른 바다를 닮은 혈관에서는
비린 소금기가 사라지고
낡은 집은 은빛 비늘이 다 빠진 앙상한 뼈대를 드러냈다

새로운 집으로 돌아가는 길
생전에 유서처럼 쌓아 올린 돌탑이
남은 사람들 가슴에
다시 한 장 한 장 얹혀졌다

만선호프

종화동 부둣가
안강망 선원들이 발을 내딛는다
파도에 깨지고 바람에 부서지다 들어오는
조금 때

사나흘 분분히 일어나는 바다 소문에는
레이더를 거두고 물살 여린 이곳에 닻을 내려
그물을 투망해 놓았다

만선의 꿈과 해풍에 달궈진 심장은
어군탐지기 대신 사람들의 눈만으로 관측되었다
허기진 바다 사나이들의 밀려오는 속말들
세류에 휩쓸리며 풍랑을 일으켰다

이게 사람 사는 거라며 거품이 넘치고
만선호프호, 다음 사리 출항을 준비하고 있다

귀가하는 사내들의 어창에
보름달이 떠오른다

2부

환한 발음 곁에서

입관 2
―돌탑

산길을 가다 보면
누군가 쌓아 올린 돌탑
쓰러질 듯 아슬아슬해도
제각각 중심을 잡고 있다

살짝 마음 한번 올려놓고
뒤돌아선다
오가던 낯선 인연들의 기원일까
며칠 사이 키가 훌쩍 자랐다
마음과 마음이 맞는지
윗돌이 아랫돌을 지그시 눌러 중심이 되어준다

흔들리는 시절을 거쳐
아랫돌의 번뇌는 사라지고
중심이라는 견고한 믿음의 뼈대가 생겼다

당신이 당부하고 떠난 유산 하나가
볕 좋은 산길에서
근심을 말리고 있다

불안한 자유

살짝 열린 창문 틈
참새 한 마리 푸드덕 받아 안았다

원래부터 새의 영역인 듯
여기저기 부산스럽게 부딪치는 발랄한 날갯짓
깃털로 쓰는 자유를
한 편의 시라고 말해도 되나

하나둘 늘어가는 연작시에
먼 과거의 영혼인 듯
새의 필체를 따라다닌 시간
한 보름쯤 몸을 바꾸면
오래전 가슴에 묻어둔 슬픔 한 자락
날개 돋은 시로 변할까

오후의 햇살이 펼쳐지는 순간
아무 일 없이
새는 잠시 닫힌 허공을 찾아
유유히 날아가버리고
〈

깃털 하나 잡아채지 못한 나는
결제 처리할 서류를 한 장 두 장 넘긴다

날개 품은 겨드랑이가 가렵다

침묵의 축제

사람이 살지 않는
빈집이라 했다

슬레이트 지붕이며 마루, 외양간은
오랜 기다림에 지쳐있는데

누군가 수군수군

꽃의 나라에서
밤새 낙하한 별들의 무리가 만발했다

여름날 빛과 적막을 물에 풀어
하늘색 분홍색 보라색
물길을 열었다

태어날 때부터 있었다는
얼굴의 모반
수국꽃숭어리로 가리면 아무도
못 볼 거라며
희미하게 웃던 언니

〈
꽃이 된 언니와 별들의 무리
이제껏 들어본 적 없는 별들의 소리가
빈집에 살고 있었다

그렇게 수국 수국 환한 발음 곁에서
아직 아물지 않은 상처와
한참을 놀았다

플라이 킬러

벚나무 가지에 걸린 저 유인등
공중을 휘감는 매운 쑥 연기 대신
소리 없이 목숨을 삼킨다

저 위험한 비행
딱딱 죽비소리 내며
블랙홀로 사라지는 끝없는 행렬
허공을 품었다 버린 날개들
아무도 울어주는 이 없이
노란 달맞이꽃만 고개를 돌리고

검게 타들어간 심장들의 둥근 무덤
길고도 아득한 길이
시치미를 뗀 채 나뭇가지에 걸려 있다

후 불면 다시 공중을 날 것도 같은데
서서히 재로 돌아가는 날개들의 무게

아직 타지 않은 질긴 날개 한 쌍
그 안타까운 위로의 날갯짓이

내 몸속의 파닥이는 것들을 일으킨다
먼 조상을 거슬러 올라가 보면
나와 같은 뿌리였을지도
다시 세상의 첫 날갯짓
몸짓의 최초를 기억하려 한다

아직도 허기진
플라이 킬러의 시선은 사방을 향하고
쉽게 유혹에 넘어가는
낭떠러지를 품고 사는 목숨들

다 타지 못한 마음 푸른 하늘을 가로질러
단숨에 당신에게로 간다

노랑바위

고향집 갯가에는 유난히 노란색을 가진
동산 같은 바위가 있었다
혼자 들어가면 꽉 차던 바위 속 동굴
나만의 은신처에서
내 맘의 기색을 살피곤 했다
바위가 밀물에 잠기면 슬픔의 찌꺼기들은
함께 수장되었다

숨이 턱까지 차올라 다시 찾은 이곳
단단하다 믿었던 바위는 수척하였다
나는 여기 어떤 마음을 가둬놓고
객지로 떠났나
그동안의 안부를 묻는 물음에
어떤 방향으로 고개를 끄덕여야 할까

그 동굴은 또 누군가의 기억을 먹고 자란 듯
조개껍데기, 떠밀려온 플라스틱 세간
쓸려나가지 못한 소꿉놀이의 흔적이 남아있었다

깊은 움

둥글게 몸을 말아 웅크려본다
파도가 토닥토닥 등을 두드린다
물빛이 흔들린다
또다시 밀물이다

벼락치기

스포츠 한 종목이 올림픽에 정식 등록되었다
어떤 이들은 사전 시범 경기로 익숙해졌을

몇 번의 시도만으로 단숨에 석회 암반을 깨트려야 한다
수백 년 아니 그보다 훨씬 전부터 내려온
동굴 속 집단 무의식에 갇힌 총기聰氣를 찾아야 한다
때론 다른 구역에서 같이 경기를 치르는
경쟁자의 연장이 궁금하기도 하다

변칙이라는 것이 사용되는
세상에는 재미난 일이 뜻밖에 많다

누구에게 떠넘길 수도 없는
돋보기안경과 큰 컵 가득 카페인은 보조 선수
깜박 졸다 꿈인 듯 생시인 듯
총기聰氣의 꽁무니를 본 듯도 했으나
박제된 옛날 말들만 머릿속에 윙윙댄다
승부는 기울고
새벽은 이미 결전의 장소로 이동 중이다
〈

온 우주의 궤도를 새긴 머릿속 기억은
졸음에 투항한 뒤 곧 몽환행 열차에 오른다

그동안 그늘에 잘 말려둔 연장들을 꺼내

살짝 빈틈을 보인 가슴에나
벼락 치듯 기습해 들어앉아야겠다

겨우 익숙해지려는데
게임 종목이 바뀌어 버렸다

말
−만성위염

속이 쓰리다
마음이 앉을 자리가 없어 더 쓰리다
의사는 내 속을 도통 모르겠다며
내시경으로 들여다보자고 한다
첨단 의료기기 앞에서
음흉한 속이 들킬까 공손해진다

몇 번의 구역질 끝에 도착한
햇빛조차 들지 않는 곳
내 몸 중심을 차지한
지척의 거리가
쉽게 닿을 수 없는 멀고 먼 거리였다

무슨 일이 일어나는지도 모르고
들이켜는 술잔에 감쪽같이 스며들어
벌겋게 물들인 속을
의사는 단풍이 들었다고 했다

오랜 시간 알아달라고
얼마나 숨죽여 울었던 건지

이유 없이 열이 나고 온몸이 떨렸던 적도
내게 온 만개한 가을을 알리는
위급한 신호였다

통증을 키우는 나는
단풍나무 관리인

그 사람이 던지고 간
인연이라는 말을 아직도 놓지 못해

사무치는 핏빛으로 단풍이 들면
한 세상 함께 건너가야 한다

소통하다

돌산 군내리에서 연락선을 타고
대두라도* 가는 길
오래전 연락이 끊긴 이름을
반기는 파도가
뱃머리로 다가와 안부를 묻고 있다

바다 깊숙한 수심을 전하느라
간간이 흔들리는 부표들
출렁거리는 심연을
빨강과 파란 깃발로 흔들고 있다

작은 섬을 건너가는 배
마치 물수제비처럼
바다의 수면을 스칠 때마다
환호하듯 손 흔드는 횡간도와 나발도의 기척만큼
뱃고동 소리 깊고 길어
고요했던 인연들을 설레게 한다

당신의 깊이를 가늠하고 싶어
수없이 던졌던 말들 잔잔한 파도에 안겨

잠시 이별한 숨결을 고르고 있다

뱃머리를 틀면서도
이름 대신 길게 내뱉는 뱃고동이
유별한 사랑처럼 당신을 부르고 있다

* 여수시 남면에 있는 섬.

고구마를 캐다가

무성한 고구마순을 걷어내니
흙의 속살이 벌겋게 드러난다
호미로 흙살을 뒤집을 때마다
어둠에 잠겨있던 고랑이 분주하다

몸을 동그랗게 만 공벌레
뽈뽈이 흩어지는 바퀴벌레
온몸 꿈틀대는 지렁이
오히려 달라붙는 거미들
고구마밭은 그들의 세상이다

수시로 찾아오는 삶의 고비를
어떻게 넘겼던가
두 눈 질끈 감고 그냥 지나가기를 바랐지
지금 내 모습이 딱 공벌레구나
혼자 소리 없이 웃는데,

"고구마 캐다가 날 새겠다"
시어머니 지청구가 날아온다
이십 년 동안 넘지 못한 큰 산이

바로 내 눈앞에 있다

절기를 따라온 한로 찬 이슬에 등이 시리다

갱년기와 사춘기

들통에서 사골이 요란하게 끓는다

비 온 뒤 쑥쑥 자라 엎치락뒤치락
바람 부는 날이면 잎들 수런거리는 소리
곧 쓰러질 듯 위태위태한 나무들

몇 소끔이나 끓어올랐을까
불을 줄인다

언제부터 옆구리에 독버섯을 키우고 있었을까
입안의 맹독에 영하의 체온으로 가라앉는다

습을 품은 바람이 부엌 창을 두드리고
명치를 맞은 빗줄기가 고꾸라진다
장마는 일기예보대로 진행 중이고
잠에 빠진 숨소리는 미몽 속이다

나이테에 기록된 행간을 읽고 싶어
밤마다 이불을 슬몃슬몃 들춰보지만
단단한 테두리에 갇힌 속살은

쉽게 손에 잡히지 않는다

내 안에서 침몰 중인 감정은
어느 곳으로도 건너갈 수가 없다

우리는 지금 소강상태

뽀얗게 우러나는 고소하고 부드러운 뼈의 시간들
그들의 회유를 따라가
몇 소끔 쉬어가도 좋겠다

틀

느티나무 아래 차폐수 산다화
무엇을 가리고 싶었을까
어른 허리만 한 키에
도시의 생각을 뒤집어쓴
직사각형 틀을 만들었다

슬쩍 머리를 올린 붉은 꽃잎들은
여지없이 댕강댕강 잘리고

살아남은 몇몇 꽃들이
가지 속에 유폐되어 있다
시선을 낮춰야만 볼 수 있는
초록 잎 사이사이 붉은 꽃잎들

어긋난 생각들은 어디에나 있다
세상 규정대로 잘라도 잘라도
불쑥불쑥 튀어나오는
모든 틀에 대한 탈출이 있다

모난 돌이 막내 아이처럼

갇혀있지 않겠다 버둥거리던
열꽃이 여드름꽃으로 피었다

가혹했던 전정가위에도 용하게 살아남아
훌쩍 웃자란 한 줄기 아이
현관 앞 거울 속을 들여다보며
싱싱한 콧노래를 흥얼거린다

산다화 향기가 은은하다

어떤 선고

표정 없는 동물들이 차례로 입장한다
스스로 자초한 것들
붙박이 의자에 앉는다
곧 사지에 핀이 박혀지고
칼날 같은 시선에
숨겨왔던 몸이 열리고
그동안 몸을 채운 쾌락과 흥얼거림도
빠져나와 바닥에서 웅성거려도
심증만 있다
시든 눈알은 허공을 떠다니는 언어를
긴 혓바닥으로 낚아채고
잡히지도 잡을 수도 없는
의혹의 실뭉치는 풀릴 기미가 없다

이제 양심을 채워 오시오

스스로 만든 박제 갑옷을 입고
다시 거리로 나서는 카멜레온들
물증을 모두 삭제한

허한 속을 무엇으로 달래야 하나
입맛을 다시며

늙은 들쥐

매일 지나다니는 도심
털이 빠져 부스스한 들쥐 한 마리
겨우내 허기졌는지 긴 꼬리로
마른 길바닥을 툭툭 두드린다
들판은 메말라 양식을 얻으러 나왔을까
탁발승처럼
일보 일배 또 일보 일배
저 느린 걸음
비루하게 살아온 길
무엇을 꿈꾸며 늙어갔을까
아직도 놓지 못한 것이 있다는 듯
돌아보고 또 돌아본다
머루 같은 눈알에
흐릿하고 아득한 꿈
도로 위에 흘리고
천천히 어디론가 가고 있다

봄날

입이 풀린 도랑 가에 쪼그려 앉아
큰개불알풀 냉이 꽃다지 벼룩나물
광대나물 금창초 꽃마리 별꽃을 불러보다가
지난 해동 무렵 소식 끊긴
그대를 불러 안부를 물었다
작은 꽃 이파리, 입안에 감기는 바람 타고
겨우내 추위에 흔들렸는지
잘 있었다는 말 한마디 못 하고
심장 언저리로 날아든다
꽃들처럼 낮게 누워 하늘을 불러보았다
프리즘처럼 번져오는 탱탱해진 태양의 유선
그대 곁을 지나왔을 팽팽한 춘삼월이
봄빛 노랗게 스며
헐렁해진 젖가슴을 비집더니 꽃술을 내민다
지척에 있는 암울한 그늘과
당신의 이끼들에게도 안부 전하고 싶은 날
내 안의 피지 못한 꽃봉오리들
봄 젖을 빠는 소리

3부

거꾸로 흐르는 문장 하나

긴급

퇴근길 택시 안
문득 눈을 돌리니
차창에 붙여진 긴급 연락 스티커
○○운수, ○○주유소, ○○정비소
무심코 소리 내서 읽다
○○식당에서 웃음이 큭 나왔다

아니, 웃을 일이 아니지
다 먹고 살자고 하는 일인데
먹는 것만큼 긴급한 게 어디 있겠어

회사와 식당은 사람에게 밥을 주지만
택시는 주유소 정비소에서 밥을 먹는다

사람이나 기계나
다 먹어야 사는 일

생각이 꼬리를 무는데
다이어트 한다고 아침 점심 굶은
텅 빈 복腹
긴급 구조신호 요란하게 보내온다

가막만 안심밥상

동네 안심산 오르는 길
엄마의 전화 한 통

미역국은 끓여 묵었냐?
누가 끓여 줘야 먹지 내가 하기는 싫고
그리 께을러서 어쩐다냐

해마다 오는 생일
뭐가 중요하냐며 남편에게
퉁사리를 듣고 나온 터라
순간 설움의 눈물이 핑 돈다

그래 생일이 뭐 별건가
구절초 쑥부쟁이 산국과 눈 맞추며
산 중턱쯤 오르자
가막만 바다가 눈에 가득 들어찬다
윤슬로 반짝이는 물결무늬는
살랑살랑 유연한 미역
드문드문 박혀 있는 무인도는
꼭 소고기 건더기 같아

한순간 눈앞의 풍경에서
자박자박 파도가 끓고
바다미역국 한소끔 끓어오르는데

새소리에 주위로 시선을 돌리니
동그런 봉분들이 모인 양지바른 곳
미역맛이 나는 미역취나물 꽃과 이파리
아는 맛들을 눈으로 꺾어
조물조물 무쳐
슬그머니 조촐한 생일밥상에 나를 올린다

늦가을 고독한 밥상에
산과 하늘과 바다가 얼크러진다

애자*의 유혹
−주꾸미낚시

당신의 깊이를 알 수 없지
어디선가 기포로 올라오는 물의 유음
포인트는 여기야
바다의 아랫도리를
천천히 천천히 더듬어 내려가지
행여 아름다운 수초에게 마음을 빼앗길까
줄에 매달려 최고의 춤사위로 아롱아롱
당신이 오기를 재촉하며
보이지 않는 힘으로 팽팽히 줄다리기하지
당신과 똑 닮은 모습으로
날카로운 발톱을 들이미는 나를
먹이인 줄 알고 달려들면
지체 없이 뜨겁게 껴안고
파도의 눈을 뚫고 올라가지
그리고 나는 다시
빈 몸으로 심연으로 내려가 기다리지
원망만 할 일은 아니지
세상 여기저기에 숨어 있는 미늘들

미끼 없는 순수한 사랑이라 칭하며

* 주꾸미 모양의 인조 미끼.

말 보시

어린 날 영을 트면
바구니와 호미를 들고 바다로 달려갔다
바위에 붙은 고둥도 잡고
돌 틈에 교묘히 엎드린 해삼도 잡다가
동네 어른들 플라스틱 바구니에서
탁 탁 부딪히는 소리가 들리면
바구니 속이 궁금했다
살조개 커다란 개조개에 소라까지 보이면
마냥 부럽기만 했다
멸치막에 일 나간 엄마도 좋아할 텐데 싶어
파래를 걷어내고 딱딱한 땅에
힘찬 호미질을 해보지만
어느새 물이 들어오고 날은 저물어
집으로 터벅터벅 돌아오는 길
바닥만 살짝 깔린 빈 바구니가
덜그럭덜그럭 요란스러웠다

어느 날 모래밭에서 슬리퍼를 벗고
발가락으로 모래 장난을 하는데
발에 걸리는 뭉툭한 무엇

큰 피조개였다 그것도 여러 마리
너무 좋아 설핏 눈물도 났었는데
동네 어르신 한마디 하셨다

다 자기가 먹을 복은 가지고 태어나는 거여

살다 보니 뒤늦게
한 생을 돌고 돌아온 이 말이
나의 심장에 박혀
지금껏 날 일으키며 살아온 것 아닌지

빈손일 때에도
그 한마디가 힘이 되었다

잠언집

목욕탕에서 힘겹게 일어서는
할머니의 뒷모습
굴곡진 생의 길이 이어지는
리아스식 해안선을 닮았다

돌산 토박이로
평생 물질하며 살아왔다는 이야기들이
수증기 물방울처럼 똑 똑 떨어진다

수십 년
물질하다 얻은 가파른 통증은 갈무리 중인데
몸에 갇힌 기침소리는
절뚝거리며 흘러나온다

까맣게 변한 엉덩이 살
어두워진 등의 굴곡
끊임없이 지우고 다시 쓴
숨비소리가 빠져나간 몸
한 줌밖에 남지 않았다
〈

바다를 훑어온 어미의 손길
남해안 바다를 온전히 품은
할머니의 해안선은
말이 필요 없는 잠언이다

오동나무꽃 소고小考

반짝이는 당신 눈동자를
한동안 잊고 살았다

순정한 물길이 뿌리에서
우듬지로 아스라이 올라가면
하늘의 키를 재려는 듯 훌쩍 큰 오동나무는
뿌리에 숨겨둔 보라색을 꺼내
지상에 없는 연보라색 꽃을 피웠다

액자 속에 고이 갇힌 연보랏빛 저고리 젊은 엄마
산그늘에 앉아 같이 부르던 오동잎 노래가 흘러나온다
보랏빛 저고리는 빛이 바래고
압화押花 된 엄마의 오월이 풀리면
그리움은 엷어져 슬퍼지던가

잃었던 계절에 물이 오르고
오동나무는 넓은 이파리를 펼쳐 그늘을 엮는다
그늘은 한 잎 한 잎 이어지고
져버린 꽃들이 다시 가슴에서 피어나
연보라 진 엄마의 내력을 챙겨 적는다

〈
허리를 펴고 일어서는 봄
당신의 눈동자는 어느 별로 반짝이고 있을까

뻥튀기

아파트 골목 삼거리
보름에 한 번 찾아오는 뻥튀기 아저씨
좌판을 벌이는 날이면
온 동네가 고소하다

철 깡통에 강냉이를 가득 담아
기계에 넣고 열을 가하면 주인만의 셈법으로
마른 강냉이가 하얀 속꽃으로 만개한다

삼십 년 외길만을 걸어왔다는 주인아저씨
뻥이요 소리에 놀란 오래된 벚나무도 이에 뒤질까
자신을 풀무질하여 팝콘 같은 꽃을
펑펑 피워내는데

귀 막고 지나가던
뻥이요!

부풀어 터지는 시간의 가운데 앉아
그 소리에 귀를 기울인다
주위엔 늘 재촉하는 것들이 많아

귀 막고 지나친 세월들이
주마등처럼 흘러가는 봄밤에
환하게 번지는 달무리가 팝콘처럼 터지고 있다

경계를 넘다

널찍하고 단정한 로비
줄줄이 늘어서 있는 색색의 여행 캐리어들
이국으로의 취업을 알리는 만국기다

문이 열리자 강당을 가득 채운
대한민국 각 도시로 출전하게 될
동남아시아 젊은이들

통역사의 현지 언어로 먼저 호명되는 선수들
출발선에 서면 불안해지는 법
낯선 이방인들을 향하여 외줄을 탄다

우리 회사에 배당된 두 명의 스리랑카 청년들
고기 건더기만 골라놓은 빈 자장면 그릇 앞에서
짧은 단어와 몸짓만으로
보여주는 스리랑카 시기리아 바위
한 번도 만나지 못한 바위가 눈앞에 펼쳐지고
아직 가보지 못한 그들의 나라를 다녀왔다

경계를 지우며

먼 나라를 함께 겪는다는 것
그들도 나와 닮은 꿈을 꾸고 있다는 것

내 가슴속 버석한 모래들이 왜 이렇게 춤을 추는가

자꾸만 머무는 눈길에
실패에서 풀리기 시작한
붉은 실의 인연이 팽팽히 당겨진다

길고도 길 마라톤
완주 성공 주문을 외운다

은행나무 가로수

푸른빛 손 하나가
사무실 창을 두드린다
꼰지발로 잡아보는 흔들리는 마음
겨우내 잊힌 말씀들이
은행잎에 햇빛으로 꼼꼼히 필사되어
거스를 수 없는 힘이
나를 찾아왔다

그늘 아래 잠시 쉬고 있는
노부부의 폐박스 담긴 리어카 위
오월 신록의 경전을 흘리며
횡단보도를 건너는 사람들을 살피고 있다
수없이 타이르던 말들이
층층 간절해져 나를 깨우고 있다
세상사 별것 아니라며
그까짓 거 잘 견뎌내라고

햇살을 빼곡히 채운 잎사귀에
파랗게 물이 오르면
궁리 중이던 거리의 물음들이

잘 풀어낸 계절의 법문을 듣는다
잘 익은 여름이 지나간다

사스레피나무

바닷가의 봄날
거기 있는 줄도 몰랐던
사스레피나무의 독특한 꽃향기에
남쪽 해안가는 더 따뜻해졌다
누구는 생선 썩는 냄새 같다고
코를 움켜쥔 나무
소꿉놀이하며 작고 두툼한 잎으로
백 원 이백 원 시장놀이를 했었지
그때는 보지 못한
자디잔 꽃들이 땅을 향해 꽃등을 켰다
눈여겨보지 않으면
보이지 않을 앙증맞은 꿈들
왜 여태껏 보지 못하고 살았을까
덩달아 꽃들이 향하는 곳을 바라본다
유혹할 벌 나비보다
내가 먼저 꼬여 들어
지천인 사스레피나무 꽃등불에
영혼의 내장까지 투명하게 비칠 것 같은
봄날 오후,
꿈꿔온 꽃으로 피었다

소화전은 소화불량

어두운 복도 끝 빨간 제복을 입고 이십여 년 불침번을 선다

세상을 싹 다 씻어 내리고 싶지만 연습만 하다가 끝나버린 배설

낯선 상자가 문을 밀고 들어온다 수시로 쌓이는 택배상자들로 길게 꼬인 내장

붉은 기운만 남은 호스 둘둘 말아 쥐고

누군가의 발자국 소리를 기다리며 날이 저문다

문자 메시지가 뜬다

귀하의 소중한 물품을 소화전 님께 전달했습니다

환공포증

  지하 허름한 술집, 첫사랑은 퀴퀴한 냄새로 시작되었다 휴대용 가스레인지에서 보글보글 끓는 알탕, 운명 같은 사랑을 꿈꾸었는데 돌아온 것은 실망과 배신 끓고 있는 알들이 거짓말하는 네 눈동자 같아 젓가락으로 콕콕 찔러댔다 어떻게 내게 이럴 수 있지 허공에서 메아리치는 질문 그날 이후 밀집된 동그란 것들을 마구 헤집고 터트리고 망가트려야 숨을 쉴 수 있었다 곳곳에 숨겨진 둥근 것들을 헤치고 다녔다

  바깥에서 젖은 비를 맞고 다닐 동안
  알은 밖이 아닌 내 안에서 자라나고 있었다*
  잦은 통증으로 산부인과에서 두 다리를 벌렸을 때
  그때 알았다
  난소에 앉혀진 아직 태어나지 않은 오해들
  터트리기만 하면 우는 일을 멈출 줄 알았다

  내 몸속에는 밤낮으로 나를 지켜보는
  당신의 동그란 눈동자가 자라고 있다

감히 터트릴 수 없는

* 다낭성 난소: 난포들이 동시에 자라면서 배란이 되지 않는 질환.

헛다리길

남이섬 강가
등을 보이며 걷고 있었지요
멋모르고 신은 하이힐
살며시 잡아주는 네 손길

서로 헛다리를 짚으며
시차가 다른 우리

어느새 스무 해가 흘러
우린 하나의 선으로
하이힐은 운동화로 바뀌고
무거워진 무릎도
허공을 걷는 듯 가벼웠는데요

헛것이 인생이라고 씌어 있는 길
헛것이 헛것만이 아닌
헛다리길
흔들리며 걷던 내게

운동장

어둠이 내려앉은 문장
일상의 피로를 품에 안은 젊거나 늙은 말들,
지구의 자전을 따라 돈다
항로는 시계 반대 방향
둥근 궤도 안에서 걷고 달린다
별은 제자리를 지키는데
지구의 자전 방향을 거스르고
오른손잡이를 거스르고
나는 거꾸로 돈다
문장 밖으로 돌던 왼쪽 심장이 두근거린다
역류를 꿈꾸는 불온한 밤
마주치는 딱딱한 낱말들에서
순간순간 비치는 섬광들
내 방식대로 당신의 문장을 걷는다
반짝,
궤도를 벗어난 별 하나 사선을 긋는다

오늘 밤
거꾸로 흐르는 문장 하나 얻을 수 있을까

4부

지문 같은 상처들

가을목련

모처럼 홀가분한 목련

밤새 바람산파 바빴겠다

목련나무 아래 바닥이 홍조로 물들었다

몸무게 확 줄인 어미목련

가볍게 살랑인다

속 깊은 생각이 신발 바닥에 묻어

터벅터벅 지나간다

가시

고등어조림을 먹던 아이가
오물오물 뱉어낸 날카로운 가시
"엄마, 가시를 골라낼 수 있으면 어른이 되는 거래"

그 순간, 목에 걸린
어린 시절 단발머리 친구가 떠올랐다

"넌, 이제 다 끝났어."
시기에 찬 그 한마디
가시처럼 내 살 속으로 파고들어
찔러대곤 하였다

수십 년이 지나
우연히 동네 목욕탕에서 너를 만났지
마주치고도 엇갈린 시선
우린 분명히 서로를 알아보았어

내 어깨와 같은 자리에 부항자국이
눈에 확 들어왔고
옛날 네가 좋아하던 능소화처럼 보였지

〈
우리를 찔렀던 가시는
어느 사이 살점으로 녹아들었을까
슬며시 웃는 너를 보며 난 가시를 거두고
꽃을 닮은 너에게
매점 바나나 우유 하나를 건넸지

개집 우화羽化

바다가 환히 보이는
소호철물점
지나다닐 때마다 눈길을 끄는
파란색 고무지붕 개집
파도처럼 표류하는 마음을 주저앉혀
웅크리고 들어앉아 있으면
내 몸 어둠이 환하게 자라겠지
개집과 몸집이 꼭 맞는 날이 오면
오래된 몸피를 벗고 최초의 몸짓으로
퇴화된 귀가 쫑긋 솟아날 거야
비 오는 날이면 지붕 위의 빗소리
나를 깨우는 간절한 손길 같아서
서로를 향한 아우성과 협주하는
안성맞춤의 날들일 거야
딱딱하게 굳어가는 심장 대신
가슴을 먹먹하게 하던 먼먼 눈빛들도
세상의 모든 박자에 맞춰
오래된 문을 열고 나올 거야

생의 박동이 유쾌하게 깨어나는
파도 소리가 주인인 개집에 들어가면

강박증

들키지 않아
꽃이 없다는 이름을 얻은

무화과는 수많은 작은 꽃을
제 몸 안에 가두었다

나도 꽃 한번 피워보려고
단단히 나를 잠근다

혼자 남은 집
아무도 열 수 없도록 나는 꼭꼭 닫혀 있다

틈이 없어
내 안의 꽃을 보여줄 수가 없다

백팩

백팩은 나의 작은 성
단단히 채운 가방이
출근 버스 안에서 삼킨 것을 와르르 토해내고 말았다

바닥에 흩어진 자존심
층층 간절한 까치발로
한 권 한 권 성안에 쌓아올린 작은 탑이
바닥으로 흩어졌다

은밀하게 숨겨왔던
비책들의 목록
틈 하나 허락하지 않은 부끄러운 마음
혼잡한 시내버스 안을 휘젓고
수많은 시선이 끈적끈적 달라붙어
나를 해체하고 있었다

다급히 내린 낯선 정거장
무던히도 오랫동안 감춰온 자존심
어깨에 쌓아올린 탑신이 허망하게 무너질 때
무심했던 어깨도 통증으로 달그락거리기 시작했다

숨은 마음 찾기

내장사 들어가는 길
애기단풍 이파리에서 곡예 중인
노랑무당벌레 한 마리

앵글 속에 잡힌
무당벌레 반점을 흘깃 쳐다보다
순간, 동그란 겹눈과 마주쳤다

여지껏 화려한 반점에
가려 생각지도 못했던
두 눈
온전히 나를 보고 있었다

지금까지 무엇을 보며 살아왔던 것일까
둥근 겹눈 안에 내가 담겨 있었다

내게도 새로운 눈이 생겨났다
그동안 무심히 흘려버린 것들이
보이기 시작했다
〈

내 안의 어둠을 발라내고
당신의 마음까지 한 자 한 자 다시 읽어나갈 수 있는

악몽

자주 양팔저울에 달리는 꿈을 꾼다
살아온 날의 무게를 가늠하는 저 기울기
중심이 맞아야 수평이다

내 생을 저울질하는 어둠 속 형형한 눈금
해독할 수 없는 계량의 언어들
슬픔으로 차올라 잠이 깨는 나날
보이지 않는 전생의 전언인가

뱉어낸 나의 형용한 죄를 들여다본다
허공에 존재하는 언어의 파동들
어떤 날의 가슴을 찌르고 있을까

유기한 말들이 부메랑처럼 돌아와
박혀버린 지문 같은 상처들

말수를 줄여야겠다

이십 년 세월의 맛은 쓰더라

살다 보니 별일 아닌 일에도
먹구름이 깃들어
뜨거운 행진곡은 식어가고
선율에 혼자 덩그러니 남아있는 시간

우리가 키운 회색의 비둘기들이
파드득, 파드득
허공에서 권태의 상처를 쪼아 먹는다

고독사

같이 살았던 이의
이름과 연락처를 달고 사나흘 있으면
다시 제 고향으로 돌아갈 수 있는
중간 정류장에
이름표도 없이 버려진 늙은 나무

꼿꼿한 자세로
밤낮없이 들고 나는 자동차들
주차장 입구만을 주시하며 누군가를 찾는다

흔한 새 한 마리 오지 않는 곳
바람도 쉬어가질 않아
폭염 속 따가운 시선만 받아먹고 있다
관리사무소의 손에
명치 끝에 새겨진 붉은 글씨

사계절을 담고 갖가지 외출을 꺼내주던
낡은 장롱
불로장생의 꿈을 꾸며 십장생 옷을 둘렀지만
속은 텅 비었다

〈
수거차가 말라가는 죽은 몸을 일으켜 세운다
이승의 잠이 햇빛에 스르르 부서진다

부추꽃

길고 가느다란 초록의 몸으로
야무진 꽃대를 올린다

뽀얀 눈물을 방울방울 뽑아
나비와 벌들에게 먹이는

그 꽃에서
어머니를 보았다

상賞

매일 아침 엄마 손 꼭 붙잡고
여명학교 통학버스를 기다리는 아이
그 앞을 지나며
당당한 얼굴로 인사를 하며
아휴 저 엄마는 힘드시겠다
내 아이는 모두 정상임을 과시하듯
표정으로 말하는 혼잣말을 꿀꺽 삼킨다
오늘도 어김없이 마주친 그 아이
갑자기 내게로 달려와
알 수 없는 말을 쏟아 전하며 불쑥 손을 내민다
놀라 멈칫하며 이건 뭐지?
붙잡아 달라는 것인지 아니면 해코지를 하려는 것인지
그 순간 잽싸게 내 손을 끌어다
쓰윽 쓰윽 제 머리를 쓰다듬는다
스스로에게 참 장하다는 듯
이렇게 견디며 잘 살아온 자신에게 주는 상賞
두려운 마음이 부끄러움으로 바뀌는 순간
머쓱해진 나는
그 자리에서 한동안 움직일 수 없었다

탈 머피의 법칙

누군가 찍어 올린 꽃빛에 홀려
홀로 찾은 오동도
소금기 묻은 봄바람이
방파제로 마중을 나온다

섬 오른쪽 풍경이 걸음을 끌어당긴다
어미 목의 그림자를 밟고 앉아
동백은 땅에서 한 번 더 붉다
어미가 가르쳐준 대로
마지막 기운을 다해

연인이 만든 하트 동백꽃숭어리
붉은 꽃의 입술이 서서히 살아나고
풍경의 테두리에 눈부신 햇빛이 내려앉는다
반짝이는 비늘 같아
해풍에 팔딱 튀어 오를 듯

몇 바퀴를 돌다 찾아낸 뷰포인트
배터리가 없어 눈으로 담고
가슴에 저장한다

〈
뭉클, 명치를 타고 올라와 터진
동백꽃을 배경으로
나는 오래도록 붉다

슬픔을 수습하다

살아온 날들을 돌아보니
잊을 수 없는 사람들이 꽃으로 피었다
오월의 숲에선 때죽나무꽃이 피고
어느 도시에서는 죽음이 떼지어 붉었었다고
깊고 깊은 세월을 파고 들어가자
참혹했던 광주 80년 오월
화석처럼 굳은 심장에서 '자유'와 '민주 세상'이 발굴된다
오월의 숲에는 햇빛이 오열하듯 쏟아져 들어오고
검은 흙 뒤집어쓴 뼛조각들이
하나둘 부러진 무릎을 딛고 걸어 나왔다

파랑

기상예보에도 없었던 태풍

삽시에 나타나 이 계절의 행선지를 묻는 당신

어디에도 둘 수 없는 마음

바람이 오래도록 기른 물길에

잔잔했던 뒤란은 떨림으로 범람하고

여름바람에 물린 자리가 서늘하다

태풍은 소멸되지 않고 해마다 살아나

수천 년을 살아간다

그대도 나도 비껴가지 못한 소용돌이에

잠들 수 없는 파랑의 날들이

태풍의 눈 속에 상륙 중이다

■ 해 설

사유로 번져 온 화양 바다의 순정한 문장들

박철영(시인, 문학평론가)

 시는 감동 기제를 고도화한 문장으로 소통하려는 데 있다. 이것은 언어의 시적 순기능과 확장성 그리고 명징성에 관한 말일 것이다. 따라서 좋은 시가 품은 기운은 눈을 현혹하지 않는다. 시를 구조하고 있는 시어들로 형용한 사유가 자연스럽게 문장의 적층(겹)을 이뤄 감싸준다. 평범한 언어가 갖는 단선적인 의미보다 질료적 정황까지 담지한다는 의미다. 문장 속에서 체험적 정서와 욕망의 투사로 발화한 상상력을 부양하는 의미언은 당연한 것이다. 시가 일반적인 언어로 이행되는 의사 전달체가 아니고 다층적인 상징성을 내포하고 있다는 말과 동일하다. 더 나아가 시로 말해야 하는 것은 사실적인 보편성에서도 부합되는 것이어야 한다. 위선의 언어로 화려한 분장을 하듯 치장한 시어는 진정성과 멀어 가식임을 알게 된다. 특히 감정선에 뇌동한 행간의 부림은 불필요한 시어를 조작한다. 그렇지 않기 위해 대상에 대한 통찰과 냉정한 언어의 절제까지 의식한 표상이어야 한다. 누구도 가 보지 못한 시의 길은 위 몇 가지만 보더라도 매우 신중해야 함과 동시에 최대한의 충족을 위해 가야 할 험난한 길임을 말해준다. 더불어 시란 문장은 항상 새로움에 대한 실천으로 시적 발현을 개연성으로 보여줘야 한다는 부담도 추가된다. 이외에도 더 많은 시론을 탐구하며 시를 써온 김지란 시인이 추구해 온 문학은 삶과 병행하는 것이어서 순탄한 것만은 아니었다. 그동안 많은 고투와 난관에도 단절되지 않기 위한 투지의 결실로 첫 시집 『가막만 여자』에 이어 두 번째 시집 『아물지 않은 상처와 한참을 놀았다』를 통해 보여주는 언어의 변신은 상당한 긍지로 봐도 무방하다. 그런 변화를 이룬 알레고리는 다양한 시적 상징으로 진전을 거듭한 것이어서 사유는 깊은 여운으로 다가온다.

혼자라서 외롭거나 그렇다고 홀가분한 것만은 아니어서 스스로 매달린 매듭을 풀지 못한 채 목울음을 울어야 하는 '목어'다.

    화암사
    꽃의 한 생애가 내리는 누각

매화나무 창문을 뒤로하고

머리가 용龍인 물고기 한 마리 걸려 있네

배를 가르고

온몸 가득했던 탐. 진. 치를 빼낸 텅 빈 고요

한때는 근심의 그늘이 깊어

어딘가에 숨고 싶었네

이 절寺 저 절寺 다니다가

불명산 자락에서 꽃비를 맞고 늙어가는

그대가 맘에 들어 그 속으로

세貰 들려고 하네

한동안 모든 걸 닫아걸고

안거에 들 수 있다면

새벽 숲의 새들

서늘한 바람, 알 수 없는 눈길들

허공으로 날려버린

나를 떠난 것들이 다시 돌아와

가만가만 내 몸을 두드리는 소리를 듣겠네

나를 잃어 가는 것인지

찾아가는 것인지

그러다
밤낮으로 두드리는 것들의 말이 귀에 익으면

내 속의 나를 꺼내
푸른 바다로 훨훨 날아 승천하려 하네

─「우화루 목어」 전문

"머리가 용龍인 물고기 한 마리"가 존재한다. 화암사 우화루의 목어木魚는 스스로 말을 발설하지 못한 업보를 안고 태어났다. 그래서 누군가가 목어의 몸통을 두드려줘야 몸속에 든 말을 할 수 있다. 오랫동안 말을 하지 못해 고유한 언어를 잊어버린 채 살아간다. 그뿐만이 아니다. 스스로 바다로 흘러들지 못하고 타자에 의해 물고기의 형상을 갖게 된 것이니 본성은 잊어야 한다. 여기까지 흘러온 시간만을 기억하는 목어의 슬픈 내력이다. 모든 것을 잃고서야 그 대가로 얻은 형상을 자신의 것인 양 부여받은 목어, 정처 없는 유랑을 끝내고 싶어 그토록 소망하며 "이 절寺 저 절寺 다니다가/불명산 자락에서 꽃비를 맞고 늙어가는/그대가 맘에 들어 그 속으로/세貰 들려" 찾아든 곳의 안도가 깊다. 모든 것을 거저 얻은 것이기에 더는 무엇을 또

원하랴. 이제 욕망 훌훌 벗어던지고 본래의 푸르렀던 나무의 모습으로 돌아가겠다는 소망 하나뿐 "새벽 숲의 새들/서늘한 바람, 알 수 없는 눈길들/허공으로 날려버린/나를 떠난 것들이 다시 돌아와" 준다면 더 무엇을 바라겠는가? 그렇게만 된다면 "가만가만 내 몸을 두드리는 소리를 듣겠"다는 화자의 참회 같은 간절함은 그토록 원했던 푸른 과거로의 귀환인 것이다. 바다를 가리키는 나침반(소리)을 따라나서려는 본능은 아직도 자신의 내면에 잠재한 욕망이다. 그토록 궁극 하던 지점은 오래전부터 소망했던 나무의 꿈이었고 의식으로 현재화되면서 자아의 주체를 각성하게 한다. 찰나처럼 스치는 근원은 자신도 모르게 육화된 대상에서 사유한 응축까지를 궁리하게 한다. 그 시간은 항상 현재라는 모습으로 재현되지만, 그것 또한 인연에서 비롯한 과거라는 무의식에서 작동한다.

>
> 핸드폰을 요리저리 허다봉께 사진이 나오더라
>
> 그걸 본께 어찌나 반갑든지
>
> 꼭 느그 아부지 살아있는 것처럼 한참을 쳐다봤당께
>
>
> 기운이 내려앉아 당신 몸도 간수 못 하는데
>
> 그 순간 생기가 돌았을까
>
> 느릿한 말에 곧은 심지처럼 힘이 박혀 있었다

이십 대에 남정네 따라와

비릿한 갯벌에 닻을 내렸던 어머니

아버지의 바다에 정박한 조그만 배였구나

당신 보내시고도

닻을 거둬들일 줄 모르는 배

닻에 붙은 따개비처럼 떨어질 줄 모르는구나

인연이라는 밧줄로 묶인 고독한 제자리

바다 내음

당신이라는 닻꽃으로 피어났다

　　　　　　　　　　　　　　　－「닻꽃」 전문

　사람은 지나온 시간을 기억하고 경과한 과거를 현실처럼 되돌아보며 지극하게 순해지는 감성체다. 한평생 연을 맺어 사노라면 알콩달콩 좋은 일만 있을 수 없기에 선택을 통해 기억될 리가 없다. 그렇지만, 애매하게도 나쁜 기억보다 가슴 아린 추억으로 새록새록 돋아나 산 사람의 마음을 들쑤셔 놓는 것이 망자(亡者)다. 부부라는 인연으로 만나 고락을 함께한 연유가 크다. 하지만, 두 분의 삶을 다 알고 있는 입장에서 볼 때 이해가 되지 않는 점도 있다. 그러나 잊을 만하면 아버지가 꿈속에서 보인다는 어머니다. "핸드폰을 요리저리 허다봉께 사진이 나오더라/그걸 본께 어찌나 반갑든지/꼭 느그 아부지 살아있는 것처럼 한참을 쳐다봤당께"라며 반색하는 엄마다. 사별 후 수년이 흘렀으니 훌훌 잊고 기운도 차릴 만한데 나날이 더 쇠약해져 가는 엄마다. 미운 정 고운 정 다 들어 그런 건가 싶다가도 안타까운 슬픔이 도지는 것은 "이십 대에 남정네 따라와/비릿한 갯벌에 닻을 내렸던 어머니"는 화양 바닷가에서 홀로 자유로워질 수 없는 '배'처럼 그저 들고나는 바다의 물때에 맞춰 낡은 목선의 뱃전을 들썩일 뿐이다. 남편 떠나보낸 상실감을 털어내지 못하고 '닻'에 붙은 '따개비'처럼 "인연이라는 밧줄로 묶인 고독한 제자리/바다 내음/당신이라는 닻꽃"으로 조금사리 물때 따라 나간 지아비를 기다리는 엄마가 여수시 화양면 '발통기미' 바닷가에서 하얀 닻꽃으로 피어 웃고 있다. 살며 지독한 아픔을 겪었어도 꼭 가슴속 상처가 되는 것이 아니라는 것을 깨달았다.

    A4 종이 서류 모서리에 눈동자를 스쳤다
    원시림을 빠져나온
    빗방울들이 내게로 왔다
    밤새 그치지 않는 호우주의보
    첫사랑, 첫출산, 첫 죽음을 생각나게 하는

깜깜하고 어두운 혹독한 시절의 맛
나무는 어디에 많은 빗방울을 뭉쳐 숨기고 있었을까
아픔을 보듬고 따뜻한 흙빛으로 돌아간
사랑하는 사람들의 속말이 일시에 밀려왔다
보이지 않아 서서히 잊히는 것들과
보이는 모든 풍경의 비밀을 읽어내는 일
나무들의 이력을 겨우 정독하고 나서야
아픈 시야가 맑아졌다
처음 햇빛을 머금은 눈동자는
돌담 위 담쟁이덩굴에 한동안 붙들려
내게로 오기까지의 경로를 생각했다
나이테보다 깊은 허공에서
보이지 않는 것들이 해묵은 나를 깨운다
눈을 다친 이후 세상의 이면을
들여다보는 버릇이 생겼다

—「눈물의 이면」 전문

 간혹 순백의 종이가 파리하도록 가냘프게 보였지만, 모서리를 세울 때가 있었다. 그랬어도 설마 '칼' 끝을 세워 나를 겨눌 줄은 상상도 하지 못했다. 삿된 마음도 모른 채 '너'를 불러 허술한 마음을 종종 알려주었고, 여의찮으면 길게 써 내려간 비망록을 매정하게 내친 적도 있었다. 너를

끝까지 믿었기에 일말의 미안함을 가졌던 적도 없고, 세상 살이란 것이 다 그런 거라며 더 많이 뻔뻔해지기로 했다. 그랬던 것을 앙갚음이라도 하려 했던 것인가? 순간 "A4 종이 서류 모서리에 눈동자를 스쳤다"며 저 무심한 듯 순한 하얀 속에서 칼끝을 치고 들어와 동공을 덮친 것이다. 아뿔싸 늦은 후회는 소용없는 것으로 딱히 슬픔과는 먼, 얇은 종이를 촉감으로만 분별하다 벌어진 일이다. 한참의 통증이 멎은 뒤 생각해 보니 종이이기 이전 우람한 나무였단 것을 떠올렸다. 지금은 하얗게 표백한 종잇장에 불과하지만, 직립의 본성을 잃기 전 치열한 경쟁에서 모질게 살아남은 '나무'였단 것을 잊은 자신을 반성한다. 통증으로 깨달은 지난 시간의 교만했던 삶의 함수가 '나'로 환기되면서 "빗방울들이 내게로 왔다/밤새 그치지 않는 호우주의보/첫사랑, 첫 출산, 첫 죽음을 생각나게 하는/깜깜하고 어두운 혹독한 시절의 맛/나무는 어디에 많은 빗방울을 뭉쳐 숨기고 있었을까"라며 하찮게 여긴 소중한 인연들을 생각한다. 다시는 돌이킬 수 없는 것과 존재할 수 없는 것들은 더 애처롭단 것을 깨달으며 가슴속 억눌려 있던 참회가 눈물로 흘러나왔다. 생애 상처 같은 시간을 숙명처럼 베어 물고 태어난 것들이 죄다 버림받았어도 '나'는 갖은 핑계를 대며 매몰차기만 했었다.

바람을 받아낸

낡은 갑바에는 먼바다의 풍랑이 새겨져 있다

파도치는 길목에서

어군탐지기처럼 사셨던 아버지

돌아오는 뱃고동 소리에도 비린내가 묻어왔다

요양병원 병상

산소호스를 꽂은 아버지의 숨소리는

부레 속 희박한 공기에 의지해

못다 쓴 바다의 서사를 기록하려는 듯

비릿한 필체를 품어냈다

— 「비린내」 부분

어부의 삶을 살아온 "당신이 남긴 비릿한 내음이 깊"은 향수가 되어 그립다. 아버지의 몸은 온통 비린내로 진동했고, 어릴 적부터 익숙해진 생선 냄새가 되레 좋았다는 화자의 말이다. 첫 시집 『가막만 여자』에서 "여전히 밀려왔다가 다시 밀려가는 가막만 바다//그 거대한 원고지 앞에 나는 다시 서 있다"는 화양(여수시 화양면) 바다는 아버지의 노역 같은 생으로 스며든 비린내를 기억한다. 아련함은 마음속 잊을 수 없는 상처처럼 속절없는 그리움이 된다. 화양면에서도 외진 바닷가 수줍은 포구가 달빛을 불러 엄마를 비추는 '발통기미' 바닷가, 작은 목선을 내려놓으면 홀로 물때에 맞춰 찰싹찰싹 뱃머리를 두드려 아버지를 불러내곤 했다. 아버지한테 잡힌 물고기가 목선木船의 흘수선吃水線 위로 끌어올려질 때 사나운 몸부림을 쳤을 것이다. 그 목선의 선창에 달라붙은 생선 비늘들이 아버지의 마음처럼 달빛에 은은하게 반짝였다. 바다에서 별이 되지 못한 물고기가 바람 부는 날이면 유난히 비릿한 바다를 비집고 나왔다. 아버지의 삶으로 진동하는 생선 냄새는 생의 깊이를 알 수 없듯 끝없는 파도처럼 그리움의 바다를 드나들었다.

종화동 부둣가
안강망 선원들이 발을 내딛는다
파도에 깨지고 바람에 부서지다 들어오는
조금 때

사나흘 분분히 일어나는 바다 소문에는
레이더를 거두고 물살 여린 이곳에 닻을 내려
그물을 투망해 놓았다

만선의 꿈과 해풍에 달궈진 심장은
어군탐지기 대신 사람들의 눈만으로 관측되었다
허기진 바다 사나이들의 밀려오는 속말들

세류에 휩쓸리며 풍랑을 일으켰다

이게 사람 사는 거라며 거품이 넘치고
만선호프호, 다음 사리 출항을 준비하고 있다

귀가하는 사내들의 어창에
보름달이 떠오른다
– 「만선호프」 전문

'만선호프'가 위치한 곳은 육지다. 배의 어창을 가득 채우고 싶은 어부한테 '만선'은 간절한 소망이다. '만선'이란 간판이 눈에 들어온 것은 바다의 상징적 이미지로 환기된 탓이다. 김지란 시인은 여수 화양 외진 바닷가에서 나고 자랐다. 그래서였을까? 갯내 물씬 풍기는 『가막만 여자』란 첫 시집을 통해 여수를 상징한 바다 이미지를 서정적인 정서로 형상화한 역작이다. 우리가 알지 못한 밀물과 썰물을 타고 드나드는 뱃사람들의 애환이 담담하게 일렁인 바닷가의 삶이 그렇다고 꼭 슬프거나 고통스런 것만은 아니다. 그들 나름대로 삶의 질곡을 즐기는 듯 살기 때문이다. 화자는 안강망 어선을 타고 나간 이십여 명의 어부들이 '물때'에 맞춰 항구로 귀항하는 것을 매번 봤을 것이다. 뱃일이 힘들다 보니 기피 직종이 된 안강망 어선의 선원들도 다국적인들이다. 필리핀과 베트남, 한국인이 뒤섞여 보름 동안 바다에 나가 고기를 잡다 보면 육체적 피로와 함께 뭍에 대한 향수가 고조될 것이다. 어부들에게 보름만의 귀환은 휴식 그 이상의 활력을 충전할 기회다. 그들이 하선한 곳은 "종화동 부둣가/안강망 선원들이 발을 내딛는다/파도에 깨지고 바람에 부서지다 들어오는" 바다 사내들을 위로해주는 "조금 때"는 세상으로 안내하는 마중물로 그날을 손꼽았을 것이다. 어부들의 마음속에 뜬 그믐 달빛으로 건너온 시간의 파도는 생사를 건 고투 그 자체다. 간간이 들려오는 바다의 소식이란 것은 물빛 가득한 적막과 외로움이 전부다. 경험 많은 어부들 나름대로 준비를 철저히 해 "물살 여린 이곳에 다시 닻을 내려" 새로운 그물을 투망해놓았다지만 쉽지 않다. 바다에서는 그물을 거두지만, 이제는 만년 "허기진 바다 사나이들" 물밀듯이 "밀려오는 속말들/세류에 휩쓸리"고 부글거린 바다 남정네들의 욕망은 극에 달할 수밖에 없다. 어부들의 거칠어진 객기를 어디다 풀어놓을 것인가? 그들은 바다보다 더한 격랑이 이는 곳이 유흥가란 것을 간과하고 있다. 무방비로 상륙을 하고 나면 만만찮은 파랑을 맞을 것이다. 그들이 물고기처럼 포획당할 시간이기 때문이다. 노동으로 시달린 갈증은 물을 마시면 그만이지만, 육지에서의 허기는 거품 가득 예쁜 아가씨의 손맛으로 올린 500cc 맥주가 최고다.

연거푸 들이마신 맥주 탓에 취기가 돌 때쯤 환상의 시간을 잊고 몸을 배에 실어야 한다. 사위가 잦아든 밤바다에 뜬 '환한 보름달'이 그녀처럼 아른거린다. 며칠 전 '만선호프'의 구석 자리에서 은근슬쩍 눈길 건네던 그녀의 얼굴이 번져온 것은 한참 뒤였다.

    살짝 열린 창문 틈
    참새 한 마리 푸드덕 받아 안았다

    원래부터 새의 영역인 듯
    여기저기 부산스럽게 부딪치는 발랄한 날갯짓
    깃털로 쓰는 자유를
    한 편의 시라고 말해도 되나

    하나둘 늘어가는 연작시에
    먼 과거의 영혼인 듯
    새의 필체를 따라다닌 시간
    한 보름쯤 몸을 바꾸면
    오래전 가슴에 묻어둔 슬픔 한 자락
    날개 돋은 시로 변할까
    〈
    오후의 햇살이 펼쳐지는 순간

아무 일 없이

새는 잠시 닫힌 허공을 찾아

유유히 날아가버리고

깃털 하나 잡아채지 못한 나는

결제 처리할 서류를 한 장 두 장 넘긴다

날개 품은 겨드랑이가 가렵다

— 「불안한 자유」 전문

　새가 날갯짓으로 얻은 자유를 만끽하다 엉뚱한 곳으로 불시착했다. 본능으로 파동을 읽어내고 깃털을 눕히거나 펼친 횟수까지 가늠해 날아들었을 새였지만, 자칫 죽음에 이를 난관에 처해 버렸다. "살짝 열린 창문 틈/참새 한 마리 푸드덕" 날아든 곳은 화자의 사무실 안이다. 새들의 영역이 아닌 곳의 족속에 놀라 서로의 눈이 마주쳤을 것이다. 새에게는 비상 상황인데 다른 방도가 없다. 날아든 경로를 틀어 다시 빠져나가지 못하면 목숨이 위태롭다. 그렇지만 불안해하지 않아도 된다. 어차피 오래전 사무실이 들어서기 전 그 땅은 새들이 비행하던 공역이었음을 알기 때문이다. 사무실 안 꼬여버린 경로를 찾느라 퍼덕이는 새의 "깃털로 쓰는 자유를/한 편의 시라고 말해도 되나"라며 화자는 "먼 과거의 영혼인 듯/새의 필체를 따라다닌 시간"을 놓치지 않았다. '새'가 왔다 간 의미와 간단없이 날갯짓하는 몸짓은 절명을 앞둔 절창인 것이다. 죽음 이전 생애를 적어나가는 '새'의 문장을 또박또박 필사한 화자다. 한동안의 찰나를 휘젓고 간 새가 자유로워지기 위한 필사적인 몸짓으로 드디어 "오후의 햇살이 펼쳐지는 순간/아무 일 없이/새는 잠시 닫힌 허공을 찾아/유유히 날아"갔다. 사무실에 갇혀 '나' 스스로 포기해버린 '자유'를 생각했다. 훨훨 난다는 것의 또 다른 유형을 통해 어떻게 살아야 하는가를 자문한다. 몸속 원초적인 생명 본능은 실천궁행으로 극복이란 말과 동일하다.

>   태어날 때부터 있었다는
>   얼굴의 모반
>   수국꽃송어리로 가리면 아무도
>   못 볼 거라며
>   희미하게 웃던 언니
>
>   꽃이 된 언니와 별들의 무리
>   이제껏 들어본 적 없는 별들의 소리가
>   빈집에 살고 있었다
>   〈

그렇게 수국 수국 환한 발음 곁에서

아직 아물지 않은 상처와

한참을 놀았다

― 「침묵의 축제」 부분

　이소와 귀소를 생각해 보았다. 시인이 말하고 싶은 텅 빈 개념의 '빈집'은 살던 사람이 떠나간 이후를 말해준다. 물론 이소란 말은 새가 둥지를 떠나는 것을 말하는 거지만, 딱히 구별할 것도 아니라고 보았다. 사람 떠나 아무도 살지 않는 '빈집'을 지키고 있는 쓸쓸한 마당과 오랜 세월을 말해주는 "슬레이트 지붕이며 마루, 외양간은/오랜 기다림에 지쳐" 더 초라해졌다. 물꽃이라 불리는 '수국'이 한 가득 피었다는 '빈집'의 풍경을 보여준다. "여름날 빛과 적막을 물에 풀어/하늘색 분홍색 보라색/물길을 열었다"는 수국의 아름다운 만개로 적막하던 집 마당이 환해졌다. 오래전 그 집에 살던 수국처럼 고왔던 '언니'를 떠올린다. 그 언니 "태어날 때부터 있었다는/얼굴의 모반/수국꽃송이로 가리면 아무도/못 볼 거라며/희미하게 웃던 언니"가 예쁜 꽃으로 피어난 것이다. 저 어디쯤에서 환하게 반겨줄 것 같은 언니가 '빈집'에서 얼굴에 핀 '모반'을 보이며 수줍게 웃고 있다. 물의 마음을 닮아 핀다는 수국을 보며 언니의 고운 마음을 생각했다. 언니가 감당했던 상처가 지나고 보니 아름다운 추억이 되어준 것이다. 오랜 시간 가로질러 온 아련함이 가슴을 거슬러 역류해 온다.

「노랑바위」라는 시를 통해 화자의 가슴으로 기억하는 색감처럼 번져온다. 오랜 기억을 더듬어 가면 돌곶이가 나왔고 먼저 눈에 띄었을 '노랑바위'가 그곳에 있다. 그 '노랑바위'를 둘러싸고 있던 곳이 세월이 흘러서인지 구멍 난 퍼즐처럼 당시와 달라진 것이다. 한적한 어촌 '발통기미' 앞 바다가 한눈에 들어와 즐겨 찾던 '노랑바위'란 것도 어린 눈에 비친 '노랑'이다. 자연적으로 형성된 바위가 도감의 색도처럼 선명한 '노랑'은 아닐 것이다. 그만큼 세상이 아름답게 보이던 소녀적 꿈이 착색된 "고향집 갯가에는 유난히 노란색을 가진/동산 같은 바위가 있었다/혼자 들어가면 꽉 차던 바위 속 동굴/나만의 은신처"여서 마냥 좋았다가도 동굴 안으로 바닷물이 밀쳐 들면 불안해지곤 했다. 유년의 설렘을 간직하고 있는 그곳이 사라진다는 것이 슬픔 같기도 했다. 긴 세월을 더듬어 찾아간 동굴 안을 보며 만감이 교차했을 것이다. 고교를 졸업할 즈음을 떠올리며 "나는 여기 어떤 마음을 가둬놓고/객지로 떠났나"라고 물어보지만, '노랑바위'는 말이 없다. 동굴 속 "깊은 움/둥글게 몸을 말아 웅크려"보는 '나'를 알아본 듯 여전한 '파도'가 짠내처럼 훅 밀려왔다. 다시 현실로 돌아오는 시간 내내 '물빛'과 '밀물'이 차오르는 '발통기미' 바다, 유년의 꿈이 가슴만큼 차오른 그곳에서 누군가는 낭만의 한때를 새기고 있을 것이다.

    돌산 군내리에서 연락선을 타고
    대두라도* 가는 길
    오래전 연락이 끊긴 이름을
    반기는 파도가
    뱃머리로 다가와 안부를 묻고 있다

    바다 깊숙한 수심을 전하느라
    간간이 흔들리는 부표들
    출렁거리는 심연을
    빨강과 파란 깃발로 흔들고 있다

    작은 섬을 건너가는 배
    마치 물수제비처럼
    바다의 수면을 스칠 때마다
    환호하듯 손 흔드는 횡간도와 나발도의 기척만큼
    뱃고동 소리 깊고 길어
    고요했던 인연들을 설레게 한다
    〈
    당신의 깊이를 가늠하고 싶어

수없이 던졌던 말들 잔잔한 파도에 안겨

잠시 이별한 숨결을 고르고 있다

뱃머리를 틀면서도

이름 대신 길게 내뱉는 뱃고동이

유별한 사랑처럼 당신을 부르고 있다

* 여수시 남면에 있는 섬.

− 「소통하다」 전문

섬과 섬으로 다도해를 이룬 여수 연안은 점점이 그림처럼 아름답다. 풍랑이 이는 날만 빼고 하루 한 번, 아니면 며칠에 한 번 정도 부정기적으로 배가 오간다는 섬들은 언젠가부터 쓸쓸해졌다. 육지로 말하면 산간 오지쯤인 "돌산군내리에서 연락선을 타고/대두라도 가는 길" 파도가 뱃머리를 가르는 연락선이 기적을 울리면 "오래전 연락이 끊긴 이름을/반기는 파도가/뱃머리로 다가와 안부를 묻고" 깊숙한 바다의 심연을 전하느라 부표에 매단 빨강과 파랑 깃발이 부산하게 나부끼는데 그 속내는 안녕하다는 마음일 터, "바다의 수면을 스칠 때마다/환호하듯 손 흔드는 횡간도와 나발도의 기척만큼/뱃고동 소리 깊고 길어/고요했던 인연들을 설레게 한다"는 섬사람들만의 그리움을 전하는 속말이다. 뱃머리를 트는 항로의 수심은 여전한데 뭍으로 나갈 사람 없다는 섬을 두고 "당신의 깊이를 가늠하고 싶어/수없이 던졌던 말들 잔잔한 파도에 안겨/잠시 이별한 숨결"을 고르지만, 쓸쓸함이 번져오는 것은 어쩔 수 없다. 응당 만나야 할 당신은 보이지 않기에 깊은 속내 숨긴 바다를 돌아나가는 뱃고동이 유정有情한 풍경을 더해준다. 누군가에게 쉽게 던진 말 한마디가 소중한 생의 의지가 되거나 상처가 되기도 한다.

> 수시로 찾아오는 삶의 고비를
> 어떻게 넘겼던가
> 두 눈 질끈 감고 그냥 지나가기를 바랐지
> 지금 내 모습이 딱 공벌레구나
> 혼자 소리 없이 웃는데,
>
> "고구마 캐다가 날 새겠다"
> 시어머니 지청구가 날아온다
> 이십 년 동안 넘지 못한 큰 산이
> 바로 내 눈앞에 있다
>
> ― 「고구마를 캐다가」 부분

새소리에 주위로 시선을 돌리니

동그런 봉분들이 모인 양지바른 곳

　　미역맛이 나는 미역취나물 꽃과 이파리

　　아는 맛들을 눈으로 꺾어

　　조물조물 무쳐

　　슬그머니 조촐한 생일밥상에 나를 올린다

　　늦가을 고독한 밥상에

　　산과 하늘과 바다가 얼크러진다

　　　　　　　　　　　　　-「가막만 안심밥상」 부분

　'사노라면'과 '살다 보면'의 의미는 모호하지만, 두 어휘 속 담겨 있는 공감 차이란 것이 존재한다고 보았다. '사노라면'이 함의한 담론적 의미는 세월을 더하다 보면 현재보다 나아질 것이라는 기대감으로 이해했다. 먼저 '살다 보면'으로 표상되는 「고구마를 캐다가」란 시 속 현실 정황을 통해 말해 보자. 고구마 줄기가 한여름 불같은 연정에 들뜬 숨을 가을 햇살에 고르고 있다. 언제든지 사랑은 식을 수 있단 것을 보여주듯 지표면에도 머잖아 찬 서리가 내릴 것이다. 시댁에서 무성한 줄기를 걷어내며 묵직하게 달려 나온 고구마를 캔다. 들뜬 소녀처럼 고구마 고랑을 파헤치니 "몸을 동그랗게 만 공벌레/뿔뿔이 흩어지는 바퀴벌레/온몸 꿈틀대는 지렁이/오히려 달라붙는 거미들/고구마

밭은 그들의 세상"을 이루고 있다. 그것을 바라본 마음이 잠시 먹먹해졌다. 나이는 피해 갈 수 없는 것, 세상을 보는 연륜도 깊어져 생각이 많아진 것이다. 방금 전 그들만의 세상을 파괴해 버린 '나'를 보며 지난 시절이 오버랩 된다. "수시로 찾아오는 삶의 고비를/어떻게 넘겼던가/두 눈 질끈 감고 그냥 지나가기를 바랐지/지금 내 모습이 딱 공벌레구나/혼자 소리 없이 웃"으며 멍때린 순간도 잠깐 "고구마 캐다가 날 새것다"는 시어머니의 지청구에 "이십 년 동안 넘지 못한 큰 산", 갑갑한 가슴으로 횡격막이 꽉 조여 왔다는 시 속 정황이 실감을 생생히 부조한다. 고루한 시어머니의 언어 습관을 극복하지 못한 화자의 심리적 해소 지점은 또 다른 삶으로 변주되곤 했는데, 세월이 무장 흘러야 되는 것도 아님을 말해준다.

그렇게 '사노라면'으로 볼 수 있는 「가막만 안심밥상」은 가슴 한켠으로 밀려오는 슬픔을 위로한다. '안심산'은 여수 안산동에 있다. 화자가 사는 근처의 낮은 산으로 건강을 위한 코스로는 그만일 것이다. 산행을 즐긴 듯하지만. 오늘은 그렇지 않다. 산을 오르는 중 엄마의 전화 한 통, 생일날 미역국은 먹었냐는 말에 설움이 북받친다. 그럴 여건이 되지 못한 아침 "해마다 오는 생일/뭐가 중요하냐며 남편에게/퉁사리를 듣고 나온" 설움을 삭히지 못했다. "그래 생일이 뭐 별건가"라며 서운한 마음을 길가에 핀 애먼 꽃들한테 발설했다. 시적 화자인 김지란 시인은 야생화를 즐겨 찾는 생태 환경 전문가여서 꽃과의 감정 교환도 일상이기에 길가에 핀 야생화가 허투루 보일 리 없다. '구절초', '쑥부쟁이', '산국'을 보며 맺힌 마음이 환해진 것이다. 안심산 중턱에 올라 한눈에 펼쳐진 가막만이 시적 상상력으로 유입되면서 "윤슬로 반짝이는 물결무늬는/살랑살랑 유연한 미역/드문드문 박혀 있는 무인도는/꼭 소고기 건더기 같아/한순간 눈앞의 풍경에서/자박자박 파도가 끓고/바다 미역국 한소끔 끓어오르"고, "동그런 봉분들이 모인 양지바른 곳/미역맛이 나는 미역취나물 꽃과 이파리/아는 맛들을 눈으로 꺾어/조물조물 무쳐/슬그머니 조촐한 생일밥상에 나를 올린다"는 문장에서 '사노라면'이란 말도 꼭 나쁜 것만은 아니라며 생을 교란한다.

    퇴근길 택시 안

    문득 눈을 돌리니

    차창에 붙여진 긴급 연락 스티커

    ○○운수, ○○주유소, ○○정비소

    무심코 소리 내서 읽다

    ○○식당에서 웃음이 큭 나왔다

    〈

    아니, 웃을 일이 아니지

다 먹고 살자고 하는 일인데
먹는 것만큼 긴급한 게 어디 있겠어

회사와 식당은 사람에게 밥을 주지만
택시는 주유소 정비소에서 밥을 먹는다

사람이나 기계나
다 먹어야 사는 일

생각이 꼬리를 무는데
다이어트 한다고 아침 점심 굶은
텅 빈 복腹
긴급 구조신호 요란하게 보내온다

— 「긴급」 전문

'산다는 것'은 처처마다 다른 유형을 나타낸다. 화자의 시적 발상은 개개의 삶에 대한 천착에서 비롯되었다. 사소한 일상이 시적 정황으로 유입되면서 예기치 않던 삶으로의 반경들을 사유로 확장해 간다. 누구나 일반적인 상황이라면 '긴급'은 '119'다. 어디에서나 생명을 보존할 수 있는 수단이자 방책인 것이다. 하지만 택시 안 덕지덕지 붙여놓은 "○○운수, ○○주유소, ○○정비소"란 스티커들을 보며 생각이 달라졌다. 며칠 후 식당에서 밥을 먹다 당시가 생각나 피식 웃음이 났고, 직업마다 다른 '긴급'이란 의미를 생각하니 세상이 요지경이구나 싶어진 것이다. "사람이나 기계나/다 먹어야 사는 일"인데 벌써 며칠째 "다이어트 한다고 아침 점심 굶은/텅 빈 복腹/긴급 구조신호"에 연락해야 할 곳이 어딘가를 화자만이 알고 있다.

「말 보시」에서 어린 날 아무나 경험할 수 없는 바닷가의 추억이 이채롭다. 바닷물이 빠지면 갯벌에서 "발에 걸리는 뭉툭한 무엇/큰 피조개였다 그것도 여러 마리/너무 좋아 설핏 눈물도 났었"다는데 그것을 본 동네 어른께서 "다 자기가 먹을 복은 가지고 태어나는 거여"란 말이 지금껏 귀에 맴돈다는데 "살다 보니 뒤늦게/한 생을 돌고 돌아온 이 말이/나의 심장에 박혀/지금껏 날 일으키며 살아온 것 아닌지", "빈손일 때에도/그 한마디가 힘이 되었다"는 축복 같은 주문呪文을 기억한다. '보시'란 것이 '자비'이고 '베풂'이라고 할 때 선한 말의 기운이 세상살이 미치는 영향을 이르고 있다.

시 「잠언집」은 살아온 삶을 안타까운 현실로 확인시켜 준다. 오랜만에 고향 근처 목욕탕을 간 것이다. 힘겨운 할머니의 뒷모습으로 이어진 굴곡진 생이 "리아스식 해안선을 닮"은 것처럼 펼쳐졌다. 간간이 들린 대화를 맞춰보면 "돌산 토박이로/평생 물질하며 살아왔다는 이야기들이/수

증기 물방울처럼 똑 똑 떨어진다"는 이력을 전언하고 있다. 거기에 더한 천식이 된 '기침소리'와 '가빠진 통증'이 온몸을 종단하며 남은 생을 종용하고 있다. 할머니에게 남은 것이라곤 "까맣게 변한 엉덩이 살"과 "숨비소리가 빠져나간 몸"이 전부인 슬픈 내력뿐이다. 노역 같은 생로병사를 온몸으로 감당하며 당신을 돌보지 못한 할머니를 보며 남 일 같지가 않았다. 당신께서 원하는 것을 이뤘는가를 묻지는 못했다. 그토록 사랑했던 것들을 떠나보낸 화양 바다의 현재를 보는 듯하여 가슴이 아픈 것이다.

    액자 속에 고이 갇힌 연보랏빛 저고리 젊은 엄마
    산그늘에 앉아 같이 부르던 오동잎 노래가 흘러나온다
    보랏빛 저고리는 빛이 바래고
    압화押花 된 엄마의 오월이 풀리면
    그리움은 엷어져 슬퍼지던가

    잃었던 계절에 물이 오르고
    오동나무는 넓은 이파리를 펼쳐 그늘을 엮는다
    그늘은 한 잎 한 잎 이어지고
    져버린 꽃들이 다시 가슴에서 피어나
    연보라 진 엄마의 내력을 챙겨 적는다
    〈

허리를 펴고 일어서는 봄

　　당신의 눈동자는 어느 별로 반짝이고 있을까

　　　　　　　　　　　　－「오동나무꽃 소고小考」 부분

　연하게 핀 오동꽃의 색감으로 상기된 마음이 들떴던 오월이다. 그런 날은 왠지 기분이 좋아져 어머니가 생각났다. 언제나 다소곳이 젊은 날의 초상처럼 수수했던 기억을 오래 간직하려는 듯 "액자 속에 고이 갇힌 연보랏빛 저고리 젊은 엄마"의 옷매무새가 떠올랐다. 그날은 "산그늘에 앉아 같이 부르던 오동잎 노래가 흘러나"왔고, 목소리만큼 자꾸만 "보랏빛 저고리는 빛이 바래고/압화押花 된 엄마의 오월이 풀리면/그리움은 엷어져 슬퍼지던가"라고 묻는 애수 젖은 발화가 가슴으로 번져오지만, 막상 그 앞에 서면 이행하는 화자의 것처럼 슬픔에 감전되고 만다. 봄이면 해마다 피고 지는 오동꽃이다. 산과 개울가 어디를 가리지 않고 물색을 풀어내는 어머니의 곱던 추억이 되어준 풍경이 화자의 가슴속으로 물수제비를 뜨며 건너왔다. 한동안 마음을 끌다 오월 신록에 묻히고 마는 '오동나무꽃'처럼 자꾸만 쇠잔해 가는 '당신'을 불러본다.

　김지란 시의 사유 지점들에서 서정성으로 환기한 시적 발현은 매번 아련함을 더해 다가왔다. 그러한 결과는 시에 대한 지속적인 노력으로 이뤄낸 것임을 알 수 있다. 특히

새롭다는 것 시적인 변화를 위해 본능 속에 잠재된 성장 환경에서 체험한 추억에 머물지 않는다. 도시적인 감각으로 발화한 사유를 시적 서정으로 변주해 가는 문장의 부림도 상당한 것으로 김지란 시인만의 변별적인 시적 성향으로 자리매김할 수 있다. 「사스레피나무」에서 "누구는 생선 썩는 냄새 같다고/코를 움켜쥔 나무"에 대한 "그때는 보지 못한/자디잔 꽃들이 땅을 향해 꽃등을 켰다"는 순정한 생각을 전개해 간다. 특히 작은 생명을 움켜쥐고 핀 꽃을 담아낸 「봄날」에서 경이롭게 바라본 시선에 멈추지 않고 생명성이 충만한 "큰개불알풀 냉이 꽃다지 벼룩나물/광대나물 금창초 꽃마리 별꽃을 불러보다가/지난 해동 무렵 소식 끊긴/그대를 불러 안부를 물었다"며 이종異種 간의 안부를 통해 마음속 상처가 되었던 젊은 날을 소환한다. 소중한 아기를 얻기 위한 고통으로 각인된 오랜 난임의 시간들을 환기한 것이다. 타자화된 아픔을 "내 안의 피지 못한 꽃봉오리들/봄 젖을 빠는 소리"로 치환하여 스스로를 위로한다. 한때 "내 몸속에는 밤낮으로 나를 지켜보는/당신의 동그란 눈동자가 자라고 있다/감히 터트릴 수 없는" 지독한 불안을 야기한 난임에 대한 트라우마를 지금껏 떨칠 수 없다. 이런 삶의 서사들이 시의 가장자리들을 에워싸고 있어 시가 지향하는 이해 공감은 클 수밖에 없다. 김지란 시인은 삶 속에 육화된 사유를 오랫동안 떨치지 않고 응

시하는 일을 반복한다. 그런 삶의 모습이 시의 세계로 유입되어 발현된 것임을 궁금해하며 김지란 시에 다가간다면 하는 바람이다.

상상인 시인선 **044**

아물지 않은 상처와
한참을 놀았다

초판 1쇄 발행 | 2023년 11월 29일

지 은 이 김지란

펴 낸 곳 도서출판 상상인
펴 낸 이 진혜진
편　　 집 세종PNP
책임교정 종이시계
표지디자인 김민정

등록번호 제572-96-00959호
등록일자 2019년 6월 25일
주　　 소 06621 서울시 서초구 서초대로74길 29, 904호
전화번호 02-747-1367, 010-7371-1871
팩　　 스 02-747-1877
전자우편 ssaangin@hanmail.net

ISBN 979-11-93093-29-0 (03810)

값 10,000원

전라남도 JeollaNamdo   전남 문화재단

* 이 책은 전라남도, (재)전라남도문화재단의 후원을 받아 발간되었습니다.

* 이 책은 전부 또는 일부 내용을 재사용하려면 반드시 저작권자와 도서출판 상상인의 동의를 받아야 합니다

* 이 도서의 국립중앙도서관 출판시도서목록(CIP)은 서지정보유통지원시스템 홈페이지(http://seoji.nl.go.kr)와 국가자료공동목록시스템(http://www.nl.go.kr/kolisnet)에서 이용하실 수 있습니다.